16	3	2	13
5	10	11	8
9	6	7	12
4	15	14	1

Claudia Roquette-Pinto

ALMA CORSÁRIA

editora 34

EDITORA 34

Editora 34 Ltda.
Rua Hungria, 592 Jardim Europa CEP 01455-000
São Paulo - SP Brasil Tel/Fax (11) 3811-6777 www.editora34.com.br

Copyright © Editora 34 Ltda., 2022
Alma corsária © Claudia Roquette-Pinto, 2022

A FOTOCÓPIA DE QUALQUER FOLHA DESTE LIVRO É ILEGAL E CONFIGURA UMA APROPRIAÇÃO INDEVIDA DOS DIREITOS INTELECTUAIS E PATRIMONIAIS DO AUTOR.

Imagem da capa:
Fotografia de Bruno Machado, Sem título, *Rio de Janeiro, 2015*
(© Bruno Machado)

Capa, projeto gráfico e editoração eletrônica:
Franciosi & Malta Produção Gráfica

Revisão:
Alberto Martins, Cide Piquet

1ª Edição - 2022

CIP - Brasil. Catalogação-na-Fonte
(Sindicato Nacional dos Editores de Livros, RJ, Brasil)

R339a
Roquette-Pinto, Claudia
    Alma corsária / Claudia Roquette-Pinto
— São Paulo: Editora 34, 2022 (1ª Edição).
144 p.

ISBN 978-65-5525-119-7

1. Poesia brasileira contemporânea.
I. Título.

CDD - 869.1B

ALMA CORSÁRIA

Alma corsária
Alma corsária	13
Queda	15
Bicho	17
Retiro	19
Vale	21
A sombra da onda	23
Notícias de Nice	25
Nuvem negra	27
Chuva na Bocaina	29
Resma de paisagem	31
Outono na montanha	33
Canção do exílio	35
Convalesço	37
Casulo	39

Na estrada
Na estrada	43
Sangue de um poeta	45
Fenda	47
O chamado	49
Spring is here	51
Cinco bagatelas (ou *Par délicatesse, j'ai perdu ma vie*)	53
Angico em flor	55
Com perigo e delicadeza	57
Zero de estilo	59
Better living through chemicals	61

As horas nuas
As horas nuas	65
Antes da chuva	67

Nesga 69
Bases do mundo ardente................................. 71
Conversamos em um sonho........................... 73
Café morno 75
A destreza e o delírio...................................... 77
The end of the affair.. 79
Palmas expostas 81

Poemas do Rio

Ode ao verão... 85
Maçarico.. 87
Vento depois da doença................................. 89
Enquanto você dorme 91
Parada de Lucas 93
Grajaú.. 97
Verão no balneário.. 99
Rua Jackson de Figueiredo, 229................... 101
Rua Pedro Tenório, 116
    (ou o amor de uma boa mulher) 103
Rua Batista da Costa, 13............................... 105
Urca 107

Escritos da pandemia

Poema para o dia de hoje 111
Prece de quarentena 113
Inventário da manhã 115
Abril da pandemia... 117
Maio enclausurado.. 119
Você sabe que eu não posso sair 121
Quarentena dia 336 123
A noite dos 500 mil corpos 125

Resumo da ópera

Mulher no espelho 129
La nouvelle Mimi 131

Poema dos 50 anos.. 133
Poema dos 51 anos.. 135
Aos 57.. 137
Resumo da ópera 139

Sobre a autora.. 142

para minha mãe e meu pai

ALMA CORSÁRIA

ALMA CORSÁRIA

De tanto sono me baixa uma lucidez estranha
em que a amendoeira pousa, luminosa, rara,
sob o fundo escuro da noite meio baça
(cilíndrica, roliça, bizarra)
seu vulto verde acocorado sobre a água
da piscina que não tem um pensamento.

Eu sinto inveja dessas águas anuladas
tão plácidas, idênticas ao próprio contorno
enquanto eu mesma nem sei onde começo,
quando acabo
e sofro o assédio de tudo o que me toca.

O mundo ora me engole, ora me vara
e tudo o que aproxima me desterra.
Chorei, ao ver no chão da cela,
o botão arrancado na contenda,
os óculos pisados do escritor judeu.

Tenho um coração que estala
com o peteleco das palavras de Clarice.
Numa vila miserável na Bahia,
um negro lindo, lindo,
dança ao som do corisco
— e só me apaixono por casos perdidos,
homens com um quê de irremediável.

Mais de uma vez, imóvel, circunspecta,
vi abrir-se a máquina do mundo
sob a luz inclinada de Ipanema,
na Serra da Bocaina, no meio da floresta,
no alto da escada no topo do morro
por onde a moça sequestrada vinha subindo
debaixo das lágrimas do pai.

Mais de uma vez meu coração trincou feito vidro
diante da página impressa,
e sempre que a palavra justa vem tirar seu mel
de dentro da copa do desespero de amor.

Acredito, do fundo das minhas células,
que uma amizade sincera *é o único modo de sair da solidão
que um espírito tem no corpo.*

Sim, eu acredito no corpo.

Por tudo isso é que eu me perco
em coisas que, nos outros,
são migalhas.
Por isso navego, sóbria, de olho seco,
as madrugadas.
Por isso ando pisando em brasas
até sobre as folhas de relva,
na trilha mais incerta e mais sozinha.

Mas se me perguntarem o que é um poeta,
(*Eu daria tudo o que era meu por nada*),
Eu digo.

O poeta é uma deformidade.

QUEDA

Com a força aspirante de uma queda,
senti toda a paisagem esboroar,
a pedra e seus limites diluídos
e vi que tudo em mim tinha ruído.

Caía,
mas pra dentro, corpo adentro,
em tombo lento e tanto mais difícil
quanto mais me esforçava por detê-lo.
Um pesadelo digno de Alice,
queda livre até a toca do coelho.

Caía como um prédio que implodisse
à própria revelia, quando tudo
a que aspirava é construir-se
(e fosse esse o seu último pedido).
Enquanto isso, espiralada, eu ia
descendo pelo tubo.

Caía
como se nunca tivesse antes caído.

Mais cedo ou mais tarde eu aterrisso.

BICHO

O tempo fechou. Faz frio.
Os dias todos não podem ser de sol.
Arrasto meu esqueleto tardio porta afora
até o nicho mais furtivo
da indolência,
e sou um bicho
— solitário,
arisco,
sem remédio.
É tudo um risco:
sentar-me aqui,
com o hibisco
roxo e ríspido a perfurar o céu
ou molemente divagar
perto do lago.
Imagem ou Imago
— já não me comovem tais assédios.
De início,
quando o mundo ainda era nítido
e tudo se quedava oferto,
explícito,
a solidez das coisas me enredava.
Mas fui confundindo
o fio com a meada
e agora o panorama é meio pífio.

Agora não há brilho que me cegue.
Nem mesmo a minha sombra me persegue,
se todo passo dá no precipício.

RETIRO

Perder-se entre as coisas não é de todo mau.
Ao menos, intervala o pensamento
enquanto o vento desce, estival,
sobre copas e telhas,
convencendo as abelhas a mudar de rumo
e — cúmulo da coincidência —
a abandonar a colmeia.
A incidência de fugas costuma ser pequena,
mas o vento é eloquente.
Traz, voando, a semente
dessa mesmíssima ideia,
e por mais que ela pareça ser o sumo da tolice,
vem plantá-la em minha mente
(e quem disse que de lá
alguém consegue tirá-la?)
Como quem não quer nada
o vento despetala
os maços da quaresmeira.

VALE

E eu me levantarei da solidão transbordante
o mundo ante meus olhos tal como ele é,
liberto desse permanente exame
que minha mente inflige, *ad nauseam*,
a tudo o que se ouve, sente, vê.
Do centro da solidão transbordante
alguma radiância irá se erguer,
seguir as trilhas surdas do meu sangue,
tangenciar meus ossos, nervos, crânio,
e se expandir às coisas mais além.
E quem me vir vai compreender o plano:
vagar por este vale cambiante,
sem língua nem sentido,
equidistando o *quando* do *talvez*,
vivendo só de insetos, na aridez,
o corpo já um traço aquém do humano.
Que doravante
apenas respirar seja o bastante.

A SOMBRA DA ONDA

Abalo, sono ou medo do abandono
me partem e me espargem em mil pedaços.
O que me vale, na voragem desta onda,
quando ela tomba
e me arrasta em seu abraço?
Desculpe se menciono o pesadelo
(estrépito de cascos no lajedo,
espuma explodindo a intervalos),
mas trato de um flagelo que consome
e de uma insanidade onde resvalo.
Enquanto falo, ergueu-se nova onda.
Eu corro, tropeçando no cascalho.

NOTÍCIAS DE NICE

Por que cabisbaixas,
ó, rosas da chuva?
Voltadas ao chão
são tristes mulheres
num luto feroz.
Faz tempo deixaram
o sol a pino da beleza
e talvez, como a nós,
a sina lhes pese.
Poetas, tampouco,
cogitam falar sobre flores
e riem, até,
de pensar em recriá-las.
Mas ei-las, desgrenhadas,
bordadas sobre a neblina,
um gás letal que a tudo invade
e asfixia.
(Em Nice, agora,
há cabeças nas calçadas
e nem ao menos se alcança
um sentido que nos cosa
a este dia.)

NUVEM NEGRA

para meu filho Pedro, que me devolveu esta canção

Presa neste corpo,
tão pequeno e pouco pra ser *eu*,
contemplo insólita os joelhos,
a estranheza habitual dos pelos
brotando incessantes da pele,
as unhas, que não dependem dos dedos,
neste país onde tudo acontece
à minha revelia.

Como habitar um continente
de ossos e carne,
fluido e pensamentos
que ora se embatem,
ora se aliam
e viajam à velocidade da luz
só pra culminar num bocejo
da mais pura monotonia
(ou num lampejo
da glória do amor)?

Vou pisando descalça
o caminho de brita molhada,
faquir da minha própria nostalgia,
sem em nenhum momento
encontrar-me inteira em mim.

A paisagem de tal modo se trama
com as coisas todas que perdi
que nem sinto o frio e a chuva
a derreter, ininterrupta,
a mais remota esperança
de um dia voltar a fazer sol.

E no intervalo enorme
entre um trovão e o outro,
paro a caminho de casa
para ouvir a voz de Gal.

Alguma coisa em mim
é uma ave que se agita inteira,
se assusta com as próprias asas,
fica batendo contra as paredes.

CHUVA NA BOCAINA

De uma hora pra outra fecharam meu céu.
Carcaças a caminho da floresta.
E não resta uma nesga de azul
à passagem dessas paquidérmicas
nuvens, em seu tropel errático.
Elefantes (dizem os hindus)
se domados, são um presente
de reis. Selvagens, porém,
(e nisso se assemelham à nossa mente)
tendem a agir como lunáticos.
Podem, até, destruir um vilarejo.
Vejo (enquanto divago)
que o tempo já tingiu de cinza e preto
o ventre largo e nu
onde, girando
ao que parece, às cegas,
um punhado de andorinhas se roça.
Indago ao céu e ofego
até que as cócegas desatam
os pingos de uma chuva grossa.

RESMA DE PAISAGEM

Clara,
com a mesma claridade
desta nesga
e as vozes
no conclave das vespas
com seus graves
estalando em picareta
por entre as dobras das telhas,
rasga-se esta resma
esmeralda de paisagem
diante dos meus olhos,
carregados de miragens,
em que agulhas vão perdendo a nitidez
— e se não furam,
ainda assim ferem à vera,
com essa espécie de desfoque,
último golpe do impostor,
o pinheiral.

OUTONO NA MONTANHA

                                          para minha mãe

No tempo em que eu escrevia sobre a serra das cigarras
nada me faltava
(mas tanto, em mim,
era desejo).
Fagulhas que o vento põe na água
zumbido   as mamangavas
cicio das agulhas dos pinheiros.
Hoje vejo
os frutos corroídos dos meus velhos enredos
caindo, um por um,
na grama alta.
E só você me falta.

CANÇÃO DO EXÍLIO

Tenho medo do meu corpo.
Sinto que ele é parco,
pouco,
a um só tempo ermo e oco,
e logo se abre em fulgores,
espasmos que desconheço.
O corpo com que amanheço
não chega a ser o mesmo
com que arco,
quando a tarde desce,
peso-morto que me incandesce,
absorto.
Nem é ele o barco enfermo
em que regresso,
pouco a pouco,
do degredo do sono
na madrugada espessa.
Se me envolve ou me atravessa,
se nele me hospedo
ou o esqueço,
tenho medo do meu corpo.

CONVALESÇO

Esta terra imersa no frio. Frio de névoa, de mente alerta, de bichos escondidos na floresta, porque esta manhã tudo silenciou. Há algo de inerte por dentro da natureza, uma não-expectância, uma contemplação. Sair de casa envolta em cobertores, nas primeiras horas da manhã (e depois de muitos dias de cama) para abrir por fora a janela e tomar um bofete do ar gelado. E aí se desperta. Nada daquele torpor amolecente, do calor praieiro que me derrete e põe a mente em última prioridade, quando tudo pulsa e o corpo é rei. Também a febre e a doença têm esse dom, de obliterar o raciocínio, catapultar o corpo para o centro do palco. O corpo em toda a sua convulsão, sua furiosa exigência, seu cortejo de mazelas. Aqui, não. Aqui a mente tomou a dianteira e assumiu o direção do estabelecimento. Até o ar tem uma lucidez esbranquiçada, que ele, de bom grado, empresta às ideias. E conforme o sol se levanta e vai riscando, aos nossos olhos, as coisas em seus contornos mais nítidos, alguma força em mim também pouco a pouco se eleva. Pela milionésima vez, convalesço.

CASULO

Debaixo de uma catedral de folhas,
sem saber nem precisar quem a erguera,
sob a anêmona do vento nas folhas
e o que respira agora pela primeira
vez, eu me deito, contemplando as folhas,
a espinha reta de encontro à madeira
dura e encerada de um banco.
Manhã alta.
Em meio a tantas folhas
o coração, livre de escolhas,
a um só tempo cheio e nulo.
Nada me falta,
enquanto arfam as folhas.
Agora e neste *aqui*,
pleno casulo.

NA ESTRADA

NA ESTRADA

Luz sombra
sombra sombra-luz
por mais que eu escreva
não se reproduz
a trama, a zebra
que o sol estampou na estrada.
Nada coisa
coisa-nada em mim
— pra quê, se nenhum anjo
soprando sua trombeta
virá anunciar o fim
desta sanha que me impele
a sempre ir buscar na pele
dócil, dúctil,
de tudo o que não sou eu
a fina, a doce ferida
inserida nas palavras?
Que não se fundem,
nem fundam mais nada.
Em alta velocidade,
batem contra o vidro
e caem, exaustas.
Sigo dirigindo.

SANGUE DE UM POETA

Sempre que o mar, esse bicho
de ventre e visgo de prata
infla   suspira   refrata
rodopiando nas patas,

sempre que a rosa acende
sua trama de giz na toalha
e se entalha, opalescente,
em lenta espiral de nata,

e uns panos coloridos
ondulando na calçada
gritam "borboletas!", gritam
e fogem, batendo as asas,

vem o dedo pétreo, em riste,
estancar a hemorragia
de tudo o que assola e insiste.
Da poesia, que ameaça.

FENDA

No pico do dia, quando
o sol zine e a lona estica,
atinge o azul culminante,
de um teor que intoxica,
eu, ruminante,
à meia-sombra sento
e cismo
buscando um solo sem sismo
onde fincar minha tenda
— que erijo na contenda
entre esta mão, imatura
e a outra,
velha e avara,
já dura pelos dias corridos
vagando na mesma seara —
sem vestígio de alegria,
sem descobrir nova senda,
sem que se abra o olho d'água
ou samambaia se acenda
inerte, na tarde lenta,
à espera que a flor preferida
(poesia, fêmea e fenda)
se dilate e se distenda,
em sua explosão de anêmona.

O CHAMADO

Ah! Ser livre como o velho Walt,
descalça sobre as folhas de relva
ou — antes que a lembrança me falte —
voar, em fiapos de névoa
aos golpes do vento sul
como a barba do infalível Chagdud
contra o azulaço do céu ofuscante
numa velha fotografia.
Ou na cabana em Walden Pond,
em meio ao bosque
— que nunca foi nenhuma selva —
livrar-me da melancolia
que ainda agora me ronda.
Concisa, sóbria, vazia
e toda atenta ao que responda
enquanto, ao longe,
homens levam vidas de desespero mudo.
Abandonar tudo.
Vagar, destituída,
pela charneca árida ou em flor,
uma Florbela errante e sem poesia.
"Beber, a longos tragos, a vida!"
A vida, enfim, sem nada antes.
Libérrima noiva sem dote
— uma Cathy dos Ventos Uivantes.

SPRING IS HERE

Do outro lado deste muro,
frente à parede
golpeada pelo sol
(astro indiferente,
batendo com punho mecânico
na cidade entorpecida),
sob o rom-rom intermitente
dos motores de ar-gelado
(faz tempo bom em São Paulo),
um repuxo verde,
quase todo silêncio e folhagem
ergueu-se
faz algumas primaveras,
e atinge hoje o seu cúmulo:
com o empenho e o apuro
de um velho sábio chinês
destila o dulcíssimo sumo
de toda uma existência
nuns frutos roliços, singelos,
alegremente ofertos
a qualquer um
que adentre o seu terraço.
E que um punhado de sanhaços,
com volúpia, irá bicar.

CINCO BAGATELAS
(OU *PAR DÉLICATESSE, J'AI PERDU MA VIE*)

Este foi o último poema que escrevi, antes de perder os dedos, sussurrou o mestre chinês, desfigurado pela lepra, rompendo o silêncio no templo. — *Agora minhas palavras acabaram.*

O fotógrafo registrava paisagens à luz da lua. A exposição do filme durava o tempo de um beijo.

Todas as minhas coisas foram queimadas, afundaram ou se perderam no naufrágio, declarou o viajante aos seus ilustres anfitriões, segundos antes de desmaiar na frente da sala repleta.

A única razão para um homem querer ficar com você é impedir que você seja de outro, repetia a mãe da grande cortesã, enquanto amarrava as tranças da filha, quando ela ainda era uma criança.

Farei da paciência o néctar deste amor, disse a mulher cega à bela andorinha.

ANGICO EM FLOR

De tão completamente acesas
as ramas evocam
o mais reles dos chavões:
velas, labaredas.
Mas não: sendo a si mesmas,
são ainda mais raras
que a mais tortuosa metáfora
da minha lira altissonante.
Afora o agravante
(coisa que não admira)
de que, na espuma ambarina
que seus galhos lançam ao lago
(como afago ou como látego,
mas sempre na culminância
do arco de um pensamento),
antes ainda que caia essa tarde,
uma multidão errante
de insetos e outros entes
(além do costumeiro
pássaro-visitante)
virá para jantar.

Enquanto aqui,
sobre a aridez desta página branca,
com rigidez acachapante
(e macroscopizadas por lente)

essas mesma flores claras
nas ramas amarelas não passam
de *e*'s, de *l*'s, de *a*'s...

COM PERIGO E DELICADEZA

De que modo eu poderia
com a minha parca poesia
explicar o agapanto?
— se explicar fosse o intento.

Ou seria "recriá-lo"? "Dá-lo
a ver"? "Nomeá-lo"
com palavras tão sem senso
de medida ou de tempo,
que provocassem espanto
tanto quanto

este agapanto

diante de mim agora,
explodindo em silêncio
os seus fogos de artifício
numa festa de ninguém.

ZERO DE ESTILO

Escrever do lugar do desespero
(nem adianta esperar lucidez).
Zero de estilo,
nem um mísero poema
e toda ideia de que algo valha a pena
ruiu faz tempo.
Escrever de dentro deste corpo
adoentado,
cansado até das próprias mazelas,
do descaminho que as palavras traçam,
traças na lapela
da minha velha camisa-de-céu.
Que encolheu, não cabe mais,
nem por decreto.
E de nada adianta querer,
à força, esticá-la.
Certa vez eu fui poeta, disseram.
Que balela.

BETTER LIVING THROUGH CHEMICALS

Quando a sua indiferença
entra no meu sangue
eu fico neutra-lenta
um passo atrás das aparências
nada clara-atenta
(a folha negra e falha
cravada na parede
pelo sol)
ao contemplar o mundo,
como de costume.
Eu perco o gume,
fico amortalhada,
vou para um país que não confunde
fala com pele com
o que se experimenta,
país que mata
a melhor parte,
a que me arde
e incendeia, até.
Lá não existe dor.
Uma Pasárgada sintética,
eis do que se trata,
um Reino de Deus
sem hermenêutica,
sem tom,
onde, cordata,

sou toda ausência de mim.
Alívio bom
— mas aí é que mora o problema.
Não é assim que se escreve um poema.

AS HORAS NUAS

AS HORAS NUAS

As horas nuas
espalharam seus anzóis por todo o corpo
e, deitadas, esperam que algum louco
se aproxime, um incauto
se emaranhe.

As horas nuas têm as mãos cheirando a polvo,
um perfume úmido,
de fundo de peixaria,
perigosamente indeciso entre
maresia e chorume.

As horas nuas (dizem) não têm escamas.
Fazem ouvidos moucos
aos ditames da razão
e sorriem com ironia para os redemoinhos à frente.
Sua pele é tenra, deleitosa,
mais alva do que rósea,
translucidamente
cor-de-sêmen.

Barbatana de tubarão não lhes mete medo.

As horas nuas tampouco têm pelos.
Seus corpos se recobrem
de penugem fluida, uma

espuma que explode
contra a barba dos marujos,
os bigodes dos leões-marinhos.

Seus dedos, incrustados de algas,
cascas de marisco e pequenos caranguejos,
enroscam e desenroscam a esmo,
num empenho inútil de fala
— puro descalabro.

As horas nuas têm pernas,
não rabos.
Nos plenilúnios, por cima das pedras,
essas mesmas pernas se apartam, revelando,
esponjosa
(convite para peixes maiores),
a sua concha bivalve.

As horas nuas não conhecem pudores.
Seu olhar de mormaço é que mata os pescadores.

ANTES DA CHUVA

                                        para L.

As pombas se aninharam nos vãos das telhas
e arrulham, preparando o temporal.
Na pedra aguda que o mar circunda
lá embaixo, longe daqui,
meus olhos pousam.
Fora de mim estão todas as coisas.
E as coisas, nas pontas dos pés,
esperam a chuva
(as nuvens turvas zumbindo seu enxame).
O vento sacode os cordames
da janela,
estalo de guizos
de encontro à parede.
Tudo em volta chumbo e branco.
Um til de pássaros planando.
Os olhos do gato são verdes.
Em algum lugar,
tão longe quanto ontem,
o sol faz trepidar cortinas amarelas.
Palmo a palmo, vem ganhando
seu corpo,
até a luz.

NESGA

Talvez o amor seja isso:
restos de vidro e cicatrizes,
cacos depois da ressaca,
os vestígios invisíveis
que insistem em zumbir pela casa.
O telefone sozinho,
tocando alto na sala;
as coisas, mais solitárias,
em toda a sua eficácia.
Será isso, o amor,
essa falta imediata,
essa noz na garganta
(versão revista e ampliada
da exasperação cotidiana?).
Talvez a nesga castanha
de uma folha dobrada,
caída sobre a pedra do calçamento,
te relembre a minha, escondida,
oferecida no cio.
Talvez seja *isto* o amor,
balbucio.

BASES DO MUNDO ARDENTE

para A.

O dia, com seu esmeril,
buzinas e gonzos de prata
desabou do lado de lá da janela
e quando menos se espera
avança sobre nossos lençóis.
Há vidro que se estilhaça,
crepita
no piso de longínquas portarias;
uma gata, miando do avesso,
espalha brasas sobre o sono da vizinhança.
Por ora o sol não alcança
os dedos dos nossos pés, mas
de viés, envia seus neutrinos
em comitiva,
ativa nossa lascívia
que se espreguiça corpo acima
e ondula
(anula o som nos ouvidos),
varre daqui tudo o que eu já tive,
mistura nossos gemidos
aos gritos do bem-te-vi.

CONVERSAMOS EM UM SONHO

Dentro do quarto negro
— negro, não: escuro-espesso —
a luz interrompe o silêncio
gesso de secagem imediata,
antes mesmo da nossa fala,
deitando, aguda, na janela
de onde a noite nunca para de cair.
De sono, de cerveja,
as bocas pouco se beijam.
Só falam, derrubam palavras
sobre os corpos curiosos,
desperdiçando munição.
Melhor seria a mudez
dos olhos nus se medindo,
de um rosto refletindo o outro,
recíproco.

CAFÉ MORNO

Por quatro vezes cantaram,
essas aves, sua nênia
e do alto enfarruscado,
um gás lacrimogêneo
escorrendo
veio encobrir o meu céu
já matinal — ou quase,
que as luzes da cidade piscam ainda,
sob as nuvens retraídas
e de pesado cenho.
No vaivém do
mar rola um gemido.
Comovida e só
depois da festa,
venho por meio desta
atestar meu estado ébrio,
enquanto a frincha do horizonte
se esgarça
pra que o sol, benevolente,
renasça entre laranjas destemidos
e cinco azuis beirando o cinza.
Ébria, ainda,
e confiando neste dia
de miséria debruçada sobre a pia,
café morno
e a dose extra de veneno,
regular feito o jornal.

A DESTREZA E O DELÍRIO

para N.

Com um golpe de vertigem
em meio ao dia de sol
e uma aragem de convite aos descaminhos,
com as copas enfolhadas
expirando devagar
(devagar mesmo, devagarinho),
com esta andorinha doida
desembestando em círculos,
no limite entre a destreza
e o delírio
e os lírios a se mirar
(sua trêmula nudez
na água lenta do rio),
com o olho ardente
desse sol sem dó
e sua faca, que ainda me escalpa
meses, anos,
vidas adiante
o seu amor me assalta.

THE END OF THE AFFAIR

Ideias meio estranhas sobre o amor me acometem
ouvindo ensinamentos,
atravessando o *set*
de filmagem da minha vida
— paisagem que entorna e derrete
a um piparote dos grandes Rinpochês.
Quando tudo é tão poroso e mutante
o que me resta, o que
desperta diante dos meus olhos
afora o constante mudar?
Aqui, ao menos
as nuvens estão a par dos meus projetos,
passando em revista o exército
de pinheiros em formação,
colina acima.
Depois de ler seus *whatsapps*,
vou deixar que tudo esfiape
e deslizar, bem distraída,
pela pevide da orquídea
dormindo, sozinha, no galho.
Sem revidar,
nem dar a menor trela
para qualquer plano de florir.

PALMAS EXPOSTAS

Se eu pudesse fazer como a mulher daquela foto. Quando os olhos de fora perderem o dom de enxergar, simplesmente substituí-los por um novo par. Olhos riscados de feitiçaria, posicionados bem ali, onde, sob a pele fina das palmas das mãos, à revelia dos pequenos e dos grandes desastres, o coração sussurra. Coração de coragem. Olhos de pulsação sanguínea. E as mãos erguidas, as palmas expostas, como a avisar: não cheguem perto demais! Que agora eu posso ver tudo.

POEMAS DO RIO

ODE AO VERÃO

Lá vem o alarme,
o som que me parte
em duas metades;
cigarras rachando
mais um fim de tarde,
estirando os nervos
com os apetrechos
de algum Torquemada.
Dos trópicos.
Onde não é nada,
não é nada,
o sol que se esconde,
piegas, faz drama
enquanto derrama
vermelhos sem trégua
às cegas, nas águas
afogueadas de amor.
E onde são próprios
tamanhos ocasos
em que, desvairado,
o sol não decide
se parte, não parte,
se queda chorando
atrás de uma porta.
Morta de medo
do céu de heliotrópio,

eu fervo com o alarde
dos insetos que proclamam:
"Chegou o Verão!"
"Chegou o Verão!"
E o mundo treme,
resfolega, tudo arde,
até que a noite chegue
e finalmente sopre
um mísero fiapo de aragem.
"Chegou o Verão,
mais um Verão",
eu gemo, covarde.

MAÇARICO

Esse sol onipresente que não me deixa pensar
em coisas além do corpo, essa sandice
imprimindo seu brilho tenso,
impiedoso
sobre toda e qualquer superfície
em que se encosta, esse suor
que reduz o mundo a um chiste
sideral — e de mau gosto —
esse estupor.

VENTO DEPOIS DA DOENÇA

Este vento, terno e tão
terreno — e, arrisco,
já beirando o aliciante —
vem de novo em meu socorro.
No azul-caco-de-vidro
tirante a anilina
o parapente, indolente, oscila,
brinco na orelha do morro.
O Dois Irmãos, visto daqui
(do lado oposto à decantada Gávea)
vira seu rosto grave
de Hierofante
na direção do enclave
do Vidigal com a Rocinha.
Mas a Pedra grande, suave,
só exibe suas pernas gigantes
(cobertas ainda com a Mata
Atlântica que o mais novo prefeito,
esse tratante,
depila, insiste em depilar)
e, inocente, as estende
até a água impávida.
A paisagem não se defende.
Sua beleza eloquente
é, mesmo assim, tão alarmante
quanto a marra das fêmeas

e a lábia dos traficantes.
Mais adiante, estão as ilhas
suspensas num azul sem dobras
debaixo da lenta manobra
das nuvens
que roçam seus mamilos
no peitoral do Corcovado.
A tarde é uma imensa orgia
e acontece à revelia
da ira ou da astenia
dos deuses, esses ausentes.
Muitas vezes é mediante
uma doença
que vem nascer a boa obra
— disse, certa vez, uma artista
(pintora? performer?) famosa.
Seu nome, aqui, é irrelevante.

ENQUANTO VOCÊ DORME

para P.

Enquanto você dorme,
nuvens carregadas atravessam o oceano,
navios se aglomeram, todo-acesos,
no horizonte
e em longas conversas
golfinhos e baleias disparam seus sonares.
Você dorme.
O céu baixa da orbe
num azul exorbitante
e da pálpebra, enorme,
estrelas tombam n'água.
No entanto, você dorme.
Sob o orvalho que evapora,
abandonando as flores,
insetos discutem seus mitos fundadores
perto de um velho ancinho
que a maresia corrói.
Uma cicatriz rosada rasga o céu de Niterói,
fazendo um sorriso disforme.
E você dorme, dorme.
As entidades das matas
pisam de leve nas trilhas,
o sol mete a cabeça
por detrás das grandes ilhas
Cagarras,
aonde um resto de sombra se agarra,

antes que os contornos de tudo,
pouco a pouco, retornem.
Antes que o mundo outra vez
se forme,
enquanto você dorme.

PARADA DE LUCAS

> *"Uns tomam éter, outros cocaína.*
> *Eu já tomei tristeza, hoje tomo alegria."*
> Manuel Bandeira, "Não sei dançar"

De volta ao mundo das ideias claras
onde uma amendoeira é outra vez um incêndio
vizinho de outro incêndio
na vertigem da estrada.
Do viaduto as casas se esfumam
na poeira solar em que flutua
o descaso ou o torpor
de mais uma tarde de subúrbio.
Os para-choques dos caminhões
ensaiam previsões em aberto:
Nova União   Faísca   Mercúrio
enquanto num *outdoor* veloz
um pedaço de barriga
anuncia o Caldeirão do Funk
— onde todos os desejos se misturam,
a sereia sibila e o ganzá do jazz-band batuca,
salão de sangues misturados,
tão Brasil!
E ela volta em pensamento
ao velho terreiro aberto,
ao chão de lodo e metal,
repleto de homens pretos
jovens   belos
de calça jeans e peito nu
(os das moças tremem luzindo,
escapolem pelo decote,

bundas levitam, sacodem
num frenesi de candomblé).
O homem que passa num *bonde*,
pensando que ela é gringa,
grita, fazendo bico, "*You're beautifuuuuul!!!*"
pra loura dançando ali sozinha.
E a menina séria, olhos doídos,
encontra essa mulher desabrida
— ela mesma, trinta anos depois —
rolando descalça entre os braços dos homens
no meio do batidão.

As caixas de som ensurdecem,
a percussão inebria,
às vezes são rajadas de metralhadora
(*se rolar tiroteio lá fora
ninguém vai saber qual é qual*).
Os corpos se encostam, aproximam,
não precisa dizer nada.
Um rapaz lindo, quase nu,
rosto escuro, gorro escarlate,
sobe no palco e improvisa
seu *torom dom dom*.
De repente, lá da pista, um sujeito grita:
"*Aí, Saci!*"
e a mulher sorri, ao lado do antropólogo tímido
que segura bolsa e sandálias,
e não deixa os outros homens
chegarem perto demais.
Os jornalistas de São Paulo
não parecem lá muito alegres,
mas a atriz de porcelana e arminho,
ah, essa rebola bem!
Enquanto a mulher, vertiginosa,
dança para esquecer o próprio nome,

dança para chegar ao que importa,
liquefazer na multidão.
A menina, a essa altura,
já está achando graça.
"É que ela tomou alegria!",
grita, do fundo da sala,
o poeta dentuço que não sabia dançar.
Nesta terra pensamento não se cria,
aqui, nesta festa da carne,
o sangue urgente,
o corpo todo pulsação.

GRAJAÚ

eu vejo as quinas das casas
o cilindro cinza grávido de água
em equilíbrio sobre um cubo
de cimento que um sem-número de chuvas
enxaguou de limo e de fuligem.

eu ouço esquinas, zumbido
e as buzinas de vidro
caindo o precipício
de sons onde um sino se dissipa
entre domingo e vertigem.

eu toco o cimo das árvores
(não toco, só imagino,
mas é o mesmo que os tocasse)
e o guizo da folhagem
chacoalha a tarde. o ar reage.

eu sacrifico a rima
outra vez, em prol da imagem?
ou permito que as palavras
se esparramem e dominem,
interrompam a paisagem?

VERÃO NO BALNEÁRIO

— O tempo está meio vermelho,
disse Pablo,
olhando da porta de vidro
em direção ao mar,
que espelho algum sugeria.
Seis da matina.
Nem uma aragem, nem um ar,
arfar, que fosse, na folhagem matutina,
trazendo alívio ao braseiro tremendo
— só a garra na garganta,
espremendo, espremendo.
E a pancada da marreta no vizinho,
logo cedo,
estirando nossos nervos
ao ponto do suplício,
enquanto assisto ao início de outro dia
nesse arremedo de cidade.
Sirenes zumbem de medo
no viaduto enfartado,
buzinas motocicletam
seu ziguezague em meio aos carros
e a maquita, aflita,
solta seu grito bizarro,
espiralado, sob o ataque
das britadeiras impunes
— tudo no grau máximo

feito um tapume na calçada,
incontornável.
O mar vai acertando
uns tabefes nos penhascos
e um anseio se acumula
num campo denso de calor e exasperação.
Não sei se o que mais me irrita
são os mosquitos
ou a polícia,
se as milícias de moças bonitas
invadindo nossa praia,
se essa completa ausência de planos.
Aqui no balneário
a vida é gaio engano
debaixo deste sol que grita,
tirano.

RUA JACKSON DE FIGUEIREDO, 229

Um dia de sol desafia meus temores.
Tanta vida nessa água,
que se oferta e depois traga,
a garra ritmada a esmurrar a escarpa,
a arrostar a areia.
E os roncos do animal
enfurecido e azul,
mastigando minhas suspeitas.
Acima de mim
o ritmo das asas
alçando-se com graça ao próprio risco,
pelo risco
e só por ele.
Poesia? Amores?
A minha vida inteira
no arco desse pássaro.
Desliza na manhã,
não deixa rastro.

RUA PEDRO TENÓRIO, 116
(OU O AMOR DE UMA BOA MULHER)

O galo cantou. A porta bateu.
O ventilador, dentro da sala,
girando sua mandala,
faz um muxoxo esticado,
mas não abala o som do sino
de vento que, lá fora,
a brisa teimosa insiste em dedilhar
(e faz pensar em outro instrumento,
mais íntimo, inopinadamente
aberto aos seus dedos,
em vão).
No quintal de cacos um cacto
estica suas orelhas na direção
do céu e os brotos,
verde-intactos,
são tão novos quanto os laivos nos seus olhos
(onde todo dia capto,
em sinais intermitentes,
notícias de um vasto continente
de perigo e contenção).
Não sei por que razão o brilho frio
das cadeiras de alumínio
me traz à mente um sorriso
— sem placidez nem abrigo,
um ricto
irônico, um gesto oblíquo

de disfarce e máscara.
Em algum lugar pressinto
suas águas dormindo.
As nuvens estão se partindo
sob o peso, o guizo
das zigarras.
Faz calor no Irajá.

RUA BATISTA DA COSTA, 13

para Eduardo Coutinho

Os flamboyants atearam fogo às vestes
e gritam, curvados sobre o canal.
Suor entre as coxas das moças
escorre poste abaixo
até uma poça inerte
onde nem um inseto vem pousar.
Por todo lugar, um aviso de sangue:
nas mãos súbitas do *junkie*
ali na fila da lanchonete,
nos olhos esbugalhados das goiabas,
prontas para a hélice
do liquidificador.

URCA

Lá adiante,
nos cubos brancos que avultam sobre as águas
(cimento a compensar
a liquidez desta baía)
meus olhos dão um tranco.
Estavam em outro momento
— naquele, que em segredo,
eu me sorria,
naquele em que você
ainda era atento
a tudo o que entre nós se distendia
— e era mais amplo do que o abraço da baía
aos prédios — era uma espécie
de euforia,
mais uma tarde na cidade antiga.
Hoje, diante da barcaça
atada por cordas gastas, na vazante,
você e eu distantes
— metros apenas —
do barco bêbado onde,
não faz tanto tempo erguemos
nossa festa flutuante.

ESCRITOS DA PANDEMIA

POEMA PARA O DIA DE HOJE

Eu queria ter a fúria desta folha
de palmeira, perfurando o ar feroz
solitária, tão concisa e obstinada
empurrando lá pra cima a sua espada
e erguendo, no seu gesto, a copa inteira.

Uma folha feito agulha, folha espúria,
que no entanto, contra tanto, persevera
no seu mudra concentrado de guerreira,
seta verde, fura o azul que se exacerba
pela injúria que invadiu nossa bandeira.

As camisas amarelas de um orgulho
genocida vicejando em suas bolhas,
nas escolhas do Algoz,
senhor do engulho,
escrituras às escuras na bandeja.

Só você, folha taluda, não se altera
e vai subindo, vai mirando a cumeeira,
debaixo de sol ou de chuva.

Folha de palmeira,
sem eira nem beira,
só quero ver quando você se desfraldar.

ABRIL DA PANDEMIA

Quanto céu!
Tanto azul chega a ser impositivo.
Impossível não se contagiar
com esse abismo,
com essa luz
suspensa e sem arestas,
essa paisagem-festa
nos chamando pra fugir,
viver, fazer loucuras.

Ah, este céu da minha cidade,
(não é céu pra qualquer santo)
boa-praça, distraído
de toda calamidade
que há anos nos assola,
soprando seu vento Leste,
jogando confete
por cima da peste
nossa de cada dia,
gastando a vida que resta
com os olhos voltados pro mar,
se fazendo de besta.

MAIO ENCLAUSURADO

Deixar que este sol fraco me toque
depois de ler os boletins da morte
ouvindo o papagaio e seu grasnido
gozar do meu recém-adquirido
status de poeta-diletante
(de volta ao que já não era antes),
o mar me devolvendo o próprio ritmo
varado pelo apito intermitente
das garagens dos prédios vizinhos.

Friagem de um outono primitivo.
Na casa dos avós, uma ladeira
antiga, só de paralelepípedos,
no centro do gramado esta mangueira
transbordando de zumbidos
(sem mar) e formigas, às fileiras,
que eu seguia,
flores urdidas num só dia,
o sol deitando estrelas na poeira
da sala, sussurrando veludos.

Eu era bem pequena e já sabia
que tudo em mim estava por um fio.
Agora vivo neste pátio frio
e Maio se desfralda sem remédio
e até os bem-te-vis parecem tristes.

Mas olha, o mar.
O mar
que não desiste.

VOCÊ SABE QUE EU NÃO POSSO SAIR

O mar, esse escandaloso
agora deu de humilhar a gente.
Como assim, esse azul-ferrete
dando na cara feito um porrete
de lindeza atordoante
no meio da quarentena?
Trancada em casa eu mal resisto
ao seu chamado — é muito esforço
me manter com os pés plantados
no tapete
e olhar de longe
o amor da minha infância.
Ah, mar de Maio,
não me torture com esse ar cambaio
e o seu assecla,
o céu de brigadeiro,
chegando junto com um azul arcaico,
rasgando o dia feito o meu sudário.

INVENTÁRIO DA MANHÃ

Durante essa noite
na minha cabeceira
a garrafa d'água suou
uma centena de pingos.

Durante essa noite
na minha cabeça
fios grisalhos cresceram
milésimos de milímetros.

Durante essa noite
no nosso planeta
4.183 pessoas
pararam de respirar.

PRECE DE QUARENTENA

A cada dia o sol chega mais tarde
aqui, no meu recanto de jardim
suspenso sobre a praga da cidade
suspenso, como alguém que fui de mim.

Na terra amontoam-se cadáveres.
Na tela, imbecis desdenham o fim
de vidas suprimidas aos milhares
— chacina com requintes de festim.

Projeto de uma estirpe embrutecida
que, ávida, opõe lucro ao viver.
Depois de assassinar, voltam pra casa

tranquilos, pra comer o seu patê.
Proteja a luz e a minha pobre rima
ao povo que essa gente subestima.

QUARENTENA DIA 336

O trabalho doméstico é inglório e infinito.
Coisa de meditador avançado.
Contemplar, pela milésima vez,
o universo no grão de poeira,
a mancha de café
no assoalho,
um Rorschach de improviso
sem ninguém pra validar.
A cada manhã
entoar mantras
sobre as cabeças das baratas ressequidas
(baratas, suas únicas visitas,
entrando por passagens inauditas
todo bendito dia,
junto com as notícias
que asfixiam,
enquanto pessoas morrem feito moscas).
A pia vomita a louça
do fim de semana
e as crostas de uma última esperança.
Você se arrasta de joelhos
catando fios dos próprios cabelos
sem poder botar a culpa em mais ninguém.

A NOITE DOS 500 MIL CORPOS

Toda a delicadeza
que semelhava ser nossa
jaz agora, eviscerada,
ao rés do chão
— ao lado da moça grávida,
das crianças e das cápsulas
das balas erráticas
que só encontram a direção
do corpo indígena
ou negro.

Mas, ah!, o sol
a praia
(a cova
a baia)
Jesus sangrando na boca de quem mira
o fuzil
a pica
um segundo antes de desferir o disparo.

E a bunda que levita,
a bunda amplificada,
protagonista em todas as telas.
(É uma bunda aflita, essa,
e tenta nos dizer alguma coisa.)

Mas ouça: o tiro na cabecinha,
o zumbido da pandemia,
o gemido das meninas violadas
todo dia santo
todo santo dia.

A noite inteira o bate-estaca
de uma balada aqui na Barra
não deixa ninguém dormir.
Na noite dos 500 mil corpos
quem dança
sobre a pilha dos mortos?

Sozinha no quarto,
de olho arregalado escuto
o tum-tum-tum hipnótico
— sem qualquer contato com a pele,
nem ao menos a virtude
de mãos humanas ferindo
o couro de um tambor.

A pulsação mecânica
contamina a madrugada.
Na luz fria
os corpos sacodem,
sacodem,
não tem nem mais coração.

RESUMO DA ÓPERA

MULHER NO ESPELHO

Que estranha é você, aí do outro lado
desta caixa de mercúrio que cambeia,
estranha, irreconhecível e feia,
com o rosto esconso, os olhos alheados,

a boca um ricto, o ímpeto vencido,
a afundar, o par de peixes calados
que um dia foram elétricos, estrídulos,
seus olhos (seu espírito de cacto).

A testa clara, onde o sol antes nascia,
areia exígua onde a poesia se aninhara
hoje é um deserto de penosa travessia.

Abandonada, sua boca se escancara.
E desta fria prata tudo o que irradia
é só ruína, e o que mais se arruinará.

LA NOUVELLE MIMI

> "*Ma quando vien lo sgelo*
> *Il primo sole è mio*
> *Il primo bacio dell'aprile è mio!*"
>
> Giacomo Puccini, *La Bohème*

Minha casa fica no caminho do vento
por onde ele entra, lambendo,
a palidez das cortinas
com a sede dos viajantes
e a lábia dos homens.
Minha casa fincada no pé da colina
que avulta, se enfolha
sem nunca demais sombrear.
Casa pequena,
erguida perto da água,
teimosamente voltada para a ponte
e o nascer do sol
— quer alguém atravesse,
quer não.
Aqui eu me planto
uma vez mais e agora:
nesta curva perigosa,
os primeiros raios são meus.

POEMA DOS 50 ANOS

O triunfo das nuvens não me causa sobressalto
no recorte frágil da janela do avião.
Novos temperos duram pouco no palato
e um corpo jovem — embora necessário —
é só o portal de uma obliteração
momentânea. Até a melancolia
parece ser cutânea
depois de tanta emoção, tantos deslizes.
O que fazer, meu coração,
se um verso novo já não me altera o dia,
se o músculo, cansado, não reage?
Lá embaixo, a terra exibe cicatrizes,
sulcos,
velhas tatuagens.

POEMA DOS 51 ANOS

Nunca se acaba, essa delícia!
É tanta que me avassala.
O corpo roubou a cena e nem
adianta fotografá-la,
registrar a açucena
despetalando na vala,
a espalhar pela água
suas pétalas, às pencas,
nem a avenca na treliça
gritando "Verde!" e
"Primavera!". Besteira.
Melhor vivê-la
sem desperdício, inteira
e em uníssono
com tudo o que me atravessa.
Melhor fugir desta preguiça
sem remate, da pele
que o sol atiça,
em mil carícias,
e do que arde
nas primícias,
antes que alguma coisa se rasgue,
alguma notícia,
um alarde
(alguma encrenca, na verdade)
desponte

e me arranque,
a duras penas,
da presença neste dia,
que agora esfria
e despenca
e já é tarde.

AOS 57

Passada está a era da beleza.
O tempo que impera é o da perda,
das coisas que se desmancham
em marcha lenta
e deixam marcas, manchas, rugas, tretas.
Foram-se as armas.
Findas as estratégias,
as graças mais secretas
que servem pra deixar os homens
hirtos e patetas,
olhando duas vezes quando descemos a rua
(e só de pensar em ficar nua
na frente de um estranho qualquer
já me dá medo). Ou preguiça,
que o desejo também anda obsoleto,
quase extinto.
Melhor abrir aquele vinho tinto.
Melhor ir rabiscar mais um soneto.

RESUMO DA ÓPERA

Eu não passo de uma abóbada repleta
de manchas de infiltração
no teto de um velho templo, eu não
passo de uma ex-*belle-of-the-ball*
com problemas de articulação
nas têmporas, no tempo,
e uns pinos de metal pra segurar os dentes
— um pedaço decadente de autoironia
cercado de juventude por todos os lados.
Eu não passo de uma massa flácida
que a cada dia derrete,
escorrendo corpo abaixo
mas que não sossega o facho
e olha de olho comprido
para um mundo de carnes tenras
e células lindas, vivas,
cintilantes
a renovar-se vertiginosamente
feito um arrebol
enquanto, no íntimo, invento
mil enredos onde me enredo
(uma inocente do Joá)
— e depois, pra desenrolar, leva uma vida.
Eu não passo de uma tímida-metida,
uma *voyeuse* ("Will you ever get me?")
a que sempre se mete

em embrulhadas,
tão melancólica quanto Chet
pois "Everything happens to me"
— mas dona de uma alegria que descamba
pro delírio,
quase um samba do avião.
Eu não
passo de uma boa bisca,
uma absurda,
derrapando mil vezes na curva
(e, volta e meia, ainda capoto)
pelos olhos de um moreno.
Moradora dos reflexos,
um *sexo equívoco*, um leão
da Metro, eu não
passo de um traço estatístico,
de um mísero inseto
voejando sobre o lixo,
na quebrada,
não passo de uma abobada
uma peste
uma abóbada celeste
em vias de desintegrar.

SOBRE A AUTORA

Claudia Roquette-Pinto nasceu no Rio de Janeiro, em 1963. Viveu na Califórnia durante o ano de 1980 como estudante na San Francisco State University. Graduou-se em Tradução Literária pela PUC-RJ em 1986, e de 1985 a 1990 dirigiu o jornal *Verve*, de literatura e artes.

Publicou cinco livros de poesia: *Os dias gagos* (edição da autora, 1991); *Saxífraga* (Salamandra, 1993); *Zona de sombra* (7 Letras, 1997); *Corola* (Ateliê Editorial, 2001), que obteve o Prêmio Jabuti de Poesia em 2002; e *Margem de manobra* (Aeroplano, 2005), finalista do Prêmio Portugal Telecom de Literatura Brasileira em 2006 — além de um volume de prosa infanto-juvenil, *Botoque e Jaguar* (Língua Geral, 2008) e de um livro com suas colagens e trechos em prosa, *Entre lobo e cão* (Circuito, 2016).

Seus poemas foram traduzidos para várias línguas, entre elas o inglês, o espanhol, o francês, o alemão e o catalão, e incluídos em diversas antologias e publicações nacionais e estrangeiras, como *Nothing the Sun Could Not Explain: 20 Contemporary Brazilian Poets*, Michael Palmer, Régis Bonvicino e Nelson Ascher (orgs.) (Los Angeles, Sun and Moon Press, 1997); *Norte y sur de la poesía iberoamericana*, de Consuelo Triviño (Madri, Editorial Verbum, 1997); *Os cem melhores poemas brasileiros do século* (Objetiva, 2001); *Enciclopédia de literatura brasileira*, Afrânio Coutinho e J. Galante de Souza (orgs.) (Fundação Biblioteca Nacional, 2001), *Dicionário crítico de escritoras brasileiras*, de Nelly Novaes Coelho (Escrituras, 2002); *Roteiro da poesia brasileira anos 90*, Paulo Ferraz (org.) (Global, 2011); e as revistas *New American Writing* (Chicago, 2000) e *Rattapallax* (Nova York, 2003), entre outras.

Foi escritora convidada da Festa Literária Internacional de Paraty, FLIP, em 2005. Em 2006 foi curadora e participante do evento GRAP — *Grafite* + *Rap* + *Poesia*, na Galeria Severo 172, na Glória, Rio de Janeiro, reunindo poetas, grafiteiros, rappers, Vjs e Djs. Nesse mesmo ano, representou o Brasil na Copa da Cultura, em Berlim, lendo poemas de sua autoria no Instituto Ibero-Americano daquela cidade. Fez leituras como convidada no III Encontro Internacional de Poetas da Universidade de Coimbra/2007. Voltou à Alemanha em 2008, para apresentar uma versão de bolso do GRAP, no Festival de Poesia de Berlim. Em novembro de 2011, participou de leituras de poesia e palestras sobre seu processo criativo nas Universidades de Urbana-Champaign, Northwestern University, no Smith College, na Universidade do Colorado (Denver e Boulder) e na Universidade Yale, nos Estados Unidos. Mora no Rio de Janeiro.

Este livro foi composto em Sabon, pela Franciosi & Malta, com CTP e impressão da Edições Loyola em papel Pólen Natural 80 g/m² da Cia. Suzano de Papel e Celulose para a Editora 34, em agosto de 2022.